COMPTE-RENDU

aux électeurs de Samois

PAR LES CONSEILLERS MUNICIPAUX

DE LA COMMUNE

DE LEUR ADMINISTRATION

PENDANT L'ANNÉE 1875.

———⟨⟩———

MELUN. — IMPRIMERIE DEROUGEMONT

—

1876

COMPTE-RENDU

PAR LES CONSEILLERS MUNICIPAUX DE LA COMMUNE

De leur administration pendant l'année 1875.

———◆———

CHERS CONCITOYENS,

Le 22 novembre 1874, vous nous avez donné mandat de gérer vos intérêts administratifs, c'est de cette gestion que nous venons vous rendre compte, selon la promesse que nous vous en avons faite.

Comme c'est la première fois que pareil fait se produit, non-seulement dans la commune, mais peut-être dans la France entière, nous serons obligés d'être plus explicites que pour les années à venir; heureux, si notre exemple sert d'initiative démocratique à nos collègues, les autres conseillers communaux!

Notions préliminaires

Qu'est-ce qu'un conseiller municipal?

Dans l'expression juridique du mot, c'est un mandataire; dans l'expression vulgaire, c'est un employé. Or, un mandataire doit des comptes à son mandant; un employé est obligé à des justifications envers son patron; parce que le mandant ou le patron doivent voir clair à la conduite de ceux qui servent leurs intérêts, pour les conserver s'ils agissent bien, pour les renvoyer s'ils tournent mal. C'est ainsi qu'en République on doit comprendre la situation du conseiller municipal.

En monarchie, il n'en est pas de même : il ne faut pas que la lumière se fasse, pour que les populations ignorantes et abusées ne s'aperçoivent pas du collier qu'on leur a passé au cou. Le roi ou l'empereur agit sur ses ministres dociles qui inspirent les préfets à poigne ; ceux-ci pressent les maires d'ordre moral, le plus souvent leurs hommes parce qu'ils les ont nommés ; le maire, à son tour, intimide le Conseil municipal qui, s'il ne veut pas se laisser intimider, est suspendu ou cassé et remplacé par une commission plus qu'obéissante.

En monarchie : un Conseil municipal n'existe que pour la forme. Il est le prétexte pour dire aux serfs administratifs, de quoi vous plaindriez-vous ? Vous avez votre représentation chargée de soutenir vos droits, donc vous êtes libres ! Mais, comme ce Conseil, grâce aux pressions administratives, est trié sur le volet, c'est-à-dire de bonne composition ; ou, quand l'ivraie révolutionnaire s'y est un peu mêlée, malgré tout, comme il est terrorisé, on en fait une assemblée de muets, de simples donneurs de signatures. Le maire vient aux séances avec les délibérations concertées d'avance entre lui et le préfet, le sous-préfet ou le curé, il ne rend compte d'aucun acte de gestion au Conseil, et, comme conséquence, les habitants de la commune ignorent si l'on ne sacrifie pas leurs droits, si l'on n'abuse pas de leurs charges. Et, comme dans ces conditions, le maire sait qu'il est en suspicion à la commune, il craint le jaillissement de la vérité, et est réduit à épier l'opinion publique pour y parer. Il fait de son garde champêtre un espion urbain, au lieu de le laisser à la garde des champs ; les favoris font des dénonciations ; la moitié de la commune suspecte l'autre ; voilà la situation de l'administration communale sous la monarchie! C'est ce que le pouvoir appelle la CENTRALISATION, c'est-à-dire le seul moyen de pouvoir gouverner despotiquement en absorbant toutes les initiatives personnelles au profit d'un seul.

La République ne comprend pas ainsi le gouvernement. En sa qualité de gouvernement de tous par tous, elle veut que le filet administratif soit fait par un tisserand qui s'appelle liberté et que le jour pénètre à travers chaque maille de son réseau. Dans un gouvernement de cette sorte, le maire, qui n'est que l'égal des autres conseillers, n'est plus qu'un simple directeur, choisi parce qu'il est plus rompu que les autres aux affaires abstraites et qui ne doit rien faire, même en dehors des prescriptions légales, sans consulter officieusement ses collègues, et qui, à plus forte raison, ne doit rien leur cacher des prétendus secrets de sa fonction qui, la plupart du temps, ne sont que des moyens de perpétuer les priviléges de certains, au détriment de la masse des citoyens.

C'est au moyen de cet échange continuel d'idées que naît l'union et par conséquent la fraternité; c'est avec cet enchaînement que l'on cultive les trois principes : *liberté, égalité, fraternité* que nous a légués la grande Révolution de 1789 qui, dans la nuit du 4 août, a donné la terre au paysan et lui a fait figure humaine en le relevant du métier de bête de somme auquel l'avait condamné la féodalité monarchique.

Dans un Conseil municipal républicain, rien n'est caché, non-seulement dans les rapports du maire avec le Conseil, mais encore dans ceux du Conseil avec les citoyens de la commune. Car, les délibérations sont affichées, et un jour prochain viendra où les séances seront publiques.

C'est cette façon d'entendre la gérance des affaires communales que la République appelle DÉCENTRALISATION, c'est-à-dire le seul moyen de gouverner libéralement, en laissant à chacun son initiative personnelle et à tous le contrôle.

C'est ce qui ne s'est jamais fait dans la commune, c'est ce qui se fera désormais ! Si l'on vous présentait l'image de vos anciennes administrations mucipales, depuis les temps les plus reculés, vous seriez surpris, tantôt de leur ineptie, tantôt de leurs complaisances pour certains établissements, pour certaines administrations, pour certains intérêts particuliers! Mais ne croyez pas que ce fait soit particulier à une commune seule, il est général à toutes les communes de France. C'est l'iniquité monarchique qui a fondé cet état de choses, c'est sa férule qui l'a consolidé, c'est le défaut d'instruction qui l'a perpétué; c'est la justice républicaine qui posera la mine dans ce rocher d'abus, c'est l'instruction qui labourera le terrain, c'est la liberté de penser, de parler, d'écrire et de se réunir qui mettra le progrès à la place de tout!

Nous n'avons pas la prétention d'être parfaits, l'homme ne peut l'être, et, selon l'expression du grand Pascal : *qui fait l'ange fait la bête!* Nous cherchons à bien faire, nous avons au moins le mérite des premiers tâtonnements; aussi, nous doit-on l'indulgence! nous ferons mieux avec le temps et nos successeurs nous dépasseront.

Mais, qu'on ne l'oublie pas! les franchises municipales sont la base de toutes les autres libertés. Essayons-nous donc à les obtenir le plus larges possible et à ne pas les lâcher une fois obtenues. Mais ces franchises municipales ne seraient qu'une lettre morte, si leur mise en procédure n'avait pas elle-même la plus grande publicité. C'est pour mettre cette procédure en pratique que nous publions le présent rendu-compte de notre exercice annal, en y inscrivant notre devise municipale : *Liberté et lumière partout!* Et nous ne crierons pas : « Vive le roi! » après une installation, comme il est arrivé à un maire du pays qui, le 13 décembre 1819, crût bon d'ajouter cette profession de foi à la formalité de son serment.

Chapitre Ier. — Finances

L'argent est le nerf de la guerre ont dit les monarques! Cela se comprend de gens greffés sur l'injustice, le privilège, qui n'ont de moyen de soutien que dans le nombre des baïonnettes et dont la devise est : *La force prime le droit.*

Mais les républicains, qui ne s'appuient que sur la justice, l'égalité, la raison, qui ne voient de prospérité pour le travail que dans la paix, à l'abri des révolutions, et dont la devise est : *Le droit terrasse la force*, disent : « L'argent est le nerf de la paix. » Voyons donc l'état de nos finances !

Quand l'ancienne administration est partie, elle avait en caisse un excédant actif de 9,000 francs environ, non encore employés, provenant en partie de l'impôt de guerre des 14 centimes et du remboursement par l'Etat des impositions allemandes ; il est vrai que la réfection des murs du territoire pouvait absorber cette somme, mais enfin ils existaient à l'état de non emploi. 2,000 francs ont été consacrés à l'acquisition et à la mise en place d'une horloge, depuis longtemps réclamée par le pays, et dont l'utilité est, aujourd'hui, si avérée qu'on ne saurait plus s'en passer. Cette horloge est d'excellente fabrication et marche très-bien. Une autre somme de 1,500 francs, à peu près, a été employée au ravalement de la façade de la mairie et à l'aménagement intérieure de celle-ci. Il ne nous est pas moins resté au budget rectificatif de 1876 un reliquat actif de 7,000 francs environ.

En somme, si la commune équilibre son budget de recettes et dépenses, elle n'est pas riche, car elle ne possède que les 300 francs de rentes du legs Maloizel. Mais, d'un autre côté, elle n'a pas de dettes. Et, si nous pouvons être débarrassés, comme nous l'espérons, de certaines charges, nous pourrons satisfaire amplement à la création et à l'amélioration des voie rurales.

Chapitre II. — Biens administratifs

En fait de propriétés immobilières, la commune ne possède que :

1° 53 ares 5 centiares de bois au Champ-de-Mars, le long et en deça du mur de clôture, qui ont été abattus il y a quelques années ;

2° 14 ares 57 centiares de bois au Rocher, le long du chemin vicinal n° 137, qui viennent d'être abattus ;

3° Les terrains du Rocher, proprement dit, où l'on a procédé, cette année, à l'élagage des pins et dont on va continuer la plantation en acacias ;

4° Le cimetière qui devra être bientôt agrandi, ce qui occasionnera une dépense assez majeure ;

5° Le lavoir ;

6° La petite chapelle sur la route n° 137 ;

7° La mairie et sa place ;

8° L'église, avec sa place et le petit jardin de l'instituteur ;

9° Le presbytère et ses dépendances ;

10° Les murs de clôture.

Tout cela rapporte peu de chose, et l'entretien en est fort coûteux par rapport à notre peu de ressources.

Ainsi, alors que dans presque toutes les communes rurales, on ne donne au desservant qu'une indemnité de logement de 250 à 300 francs (chez nous, cette location n'atteignait, même en 1834, que 165 francs pour la maison Desavis, et, en 1844, que 200 francs pour la maison Bertrand) ou qu'on ne lui fait construire qu'une demeure économique et modeste ; à Samois, on lui a fait bâtir une villa de rentier, pour l'édification de laquelle le prince Troubetzkoï a subventionné, c'est vrai, d'une somme de 8,000 francs et l'État d'une autre de 2,000, mais qui, pour le restant, a grevé longtemps la commune, plus que ne le comporte l'humilité d'un ministre de la religion ; car, avec la valeur du terrain et tous les aménagements intérieurs, ce presbytère ne revient pas à moins de 30,000 francs. Et jusqu'à ce que tout ait été payé, des dépenses d'utilité générale n'ont pu se faire.

Quant à la construction des murs de la forêt, qui rendent si peu de services et qui sont d'une charge d'entretien si écrasante, on ne s'explique pas cette opération !

Le territoire de Samois était, jadis, très-ravagé par le gibier élevé pour le plaisir royal ou impérial. Ce serait à cause de ce fâcheux état de choses, dit-on, que les administrateurs de l'époque auraient désiré une clôture ; mais, ce n'était pas une raison pour la faire, en grande partie du moins, aux frais de la commune. Il est de principe de droit que c'est à celui qui cause un dommage à le réparer ou à chercher à y obvier ! C'était donc à la liste civile à se soustraire aux indemnités demandées, en faisant une clôture ; mais, renoncer bénévolement aux indemnités pour dégâts par le gibier, et, par dessus le marché, se clore à ses frais, c'est tellement bizarre, qu'on en est réduit à toutes les suppositions pour chercher la clef de ce mystère. Ce n'est pas ainsi qu'a procédé le feu maire de Bois-le-Roi, M. Demeufve, qui a obligé l'État à se clore à ses frais, sans renoncer pour cela aux indemnités légitimes, le cas échéant.

Si encore les murs avaient été bien faits et qu'on n'ait plus vu de gibier ! Mais ils ont été construits de la façon la plus pitoyable, et le gibier a continué à s'inviter à dîner chez nous, puisque le Buisson-Chicard et la plaine de Barbeau lui étaient ouverts. Heureusement que la République est venue mettre fin aux élevages des Majestés.

La construction de ces murs qui s'est élevée à 24,451 fr. 06 c., dans lesquels la commune a donné un peu plus de moitié, la liste civile subventionnant du reste, et pour la construction desquels il a été abandonné par la commune 9.295 mètres de pierres de vieux murs apportés sur place par les habitants, chacun en proportion de sa propriété, a donc été sans profit pour la commune, et, de plus, elle a été une anomalie contre le bon sens.

Avec les 15,000 francs qu'on a déjà enfouis pour l'édification et l'entretien desdits murs et le prix des 9,295 mètres de pierres, que de choses plus fructueuses on aurait pu faire ! Surtout si l'on pense qu'ils se dégradent partout en raison de leur fabrication si mauvaise que, le 18 février 1867, peu de temps après la construction finie, le Conseil prenait déjà une délibération pour leur restauration, et que, d'ici à une quinzaine d'années, c'est une autre somme d'au moins 10,000 francs qu'il faudra encore trouver pour les remettre en état. Tout cela pour des inutilités, alors qu'avec

30,000 francs, on aurait pu faire tant et de si beaux chemins ruraux pour cette même culture, qu'on a soi-disant voulu protéger et qui ne l'a pas été et ne le serait pas si l'on élevait à nouveau le gibier sur notre territoire, et si l'abattage des futaies de la forêt du pourtour des murs se faisait et ramenait le lapin, car le gibier pourrait venir par les portes jamais closes, par les brèches sans cesse renaissantes, par le treillage toujours cassé du Buisson-Chicard et par la plaine de Barbeau. Heureux si nous pouvons jamais nous débarrasser d'un pareil état de choses et réparer les fautes faites.

Pour ce qui concerne l'église ? Nous en parlerons au chapitre de la fabrique.

L'agrandissement de la salle de la mairie était nécessaire : maintenant, en cas de mariage à grand cortége, de ventes publiques, chacun peut y voir et y circuler librement. Nous avons profité de la pose de l'horloge pour ravaler la façade de l'édifice, afin de rendre la maison commune digne d'un pays qui prend tous les jours de l'importance. Ces travaux n'ont pu être donnés en adjudication à cause, pour la façade, du temps rapproché dans lequel le ravalement devait commencer et, pour l'aménagement intérieur, parce qu'il s'agissait de raccordements et d'une foule de petits travaux de détail impossibles à fixer sur un devis. Cependant, les conseillers municipaux ayant trouvé mauvais que le conseiller municipal faisant fonctions de maire, malgré les bonnes raisons qu'il prétendait opposer, n'ait pas suivi cette voie ; à l'avenir il n'y sera pas dérogé, telles difficultés d'application qui puissent se présenter, car l'adjudication est la règle démocratique qui doit présider à tous les travaux communaux. Disons toutefois que les travaux faits ont été, malgré leur peu d'importance, équitablement partagés entre tous les entrepreneurs de même corps d'état.

Quant au cimetière, le décret du 30 décembre 1809, article 37, en met l'entretien à la charge de la Fabrique. Nous pourrions lui laisser cette charge ; nous ne le faisons pas, parce que la compensation qu'il devrait avoir dans les produits spontanés de ce cimetière lui fait défaut, quoique cependant une délibération municipale du 20 février 1842 lui ait donné une autre compensation pour remplacer celle absente, dans le droit de laisser subsister dix ans au lieu de cinq les croix et monuments funèbres, moyennant un prix ferme de 2 fr. 50 pour les croix de bois, de 5 fr. pour celles en fer, de 10 fr. pour les tombes couchées, de 25 fr. pour les grilles et entourages. Mais, nous le répétons, nous voulons rester dans une espèce d'équité pour nous cantonner, avec plus d'autorité, dans les droits sérieux.

On sait que l'ordonnance royale du 6 décembre 1843, article 3, permet aux Conseils municipaux de tarifer les concessions funéraires de terrains, que les deux tiers de ce produit vont à la commune et que l'autre tiers profite aux hospices ou aux bureaux de charité. Jusqu'alors ce tiers s'est partagé entre l'hospice et le bureau de bienfaisance; nous appuyant sur le susdit article 3, qui permet l'option d'attribution, nous avions attribué, par délibérations des 8 août et 8 novembre 1875, ce tiers au bureau de bienfaisance seul, si pauvre et qui a tant de misères à soulager, et parce qu'il nous semblait que l'hospice, fondation privée, qui ne s'ouvre pas à toutes les infortunes, n'apportait pas assez son contingent au soulagement de la misère publique. Le Conseil de l'hospice, consulté, a naturellement proclamé que tout était pour le mieux dans le meilleur des hospices possibles et insisté pour le *statu quo*; et, comme il est avec le ciel des accommodements, le préfet a annulé notre délibération, se fondant sur ce que lui seul a le droit d'attribution du tiers des susdits produits. Nous lui opposâmes bien une circulaire ministérielle du 7 août 1865, qui interprétait le droit en notre faveur, mais le préfet nous répondit par une autre circulaire ministérielle du 28 octobre 1874, qui dit tout le contraire. Nous dûmes nous incliner. Il est cependant bien étrange qu'un Conseil municipal qui a le règlement du tarif des concessions funèbres, qui intervient dans toutes les questions relatives aux cimetières (translations, agrandissements, etc.), qui, par son maire, en a la police, ne puisse réglementer le produit de ses tarifs ! Mais le droit administratif, constitué par la monarchie centralisatrice, est ainsi fait ; c'est la bouteille à l'encre.

Chapitre III. — Voirie

La voirie est la branche la plus importante peut-être de l'administration communale, car la multiplicité et la bonne viabilité des chemins favorisent au plus haut degré la culture, en donnant des accès faciles pour cultiver et récolter, et en permettant une économie de temps pour les transports qui se font plus volumineux ou avec un attelage moins fort sur un chemin bien roulant. La largeur des chemins ruraux est aussi une chose très-utile pour éviter le dégât sur les champs en bordure par l'empiétement des voitures qui se croisent. Les chemins ne sont pas assez larges, tel est le cri général ! Ce qui n'empêche pas chacun, en particulier, d'empiéter sur le chemin qui borde son champ ou de trouver mauvais qu'on veuille élargir ce chemin aux dépens de son terrain, alors qu'il approuve la mesure quand il s'agit du terrain voisin. Ce qui démontre, qu'en pareille matière, l'intérêt privé doit ployer sous l'intérêt général, et que des administrateurs consciencieux, loin de se laisser arrêter par des criailleries continuelles, doivent marcher à leur but dans l'intérêt de tous.

Les chemins ruraux du pays ne sont pas assez nombreux, et parmi ceux qui existent plusieurs sont en mauvais état. Nous nous attacherons à en augmenter le nombre et à entretenir ceux qui sont créés, en proportion avec les ressources du budget que nous y ferons converger, plutôt qu'à des destinations particulières. Car, ainsi que nous l'avons déjà dit, si l'argent qu'on a consacré inutilement à des murs de clôture, à un somptueux presbytère, à des subventions à l'hospice et à l'église, sans avoir demandé à la fabrique de contribuer en première ligne à cette dernière dépense, comme c'était son obligation, avait été employé à la voirie rurale, les frais de culture seraient aujourd'hui très-amoindris.

Une circulaire ministérielle du 31 décembre 1839 prescrivit à tous les maires de dresser l'état des chemins ruraux existants, avec la largeur qu'ils pouvaient avoir. Un premier classement fut fait par une délibération municipale du 16 mars 1845, d'après un classement opéré déjà le 30 juillet 1817. Ce classement fut complété par un état général desdits chemins, dressé par le Conseil municipal le 15 août 1873 et définitivement clos, après les formalités légales, le 26 septembre suivant; il a été approuvé par le préfet le 9 janvier 1874, après avis favorable du sous-préfet du 27 décembre précédent. Ces chemins sont :

1° Le chemin du champ de Paris, fixé à 4 mètres de large sur 1590 mètres de long ;

2° Le chemin du puits Bardin, 4 mètres de large sur 1210 de long ;

3° La route du Montoir, 4 mètres de large sur 1840 de long ;

4° Le chemin du Champ-de-Mars, 5 mètres de large dans la partie voisine du pays, 4 mètres pour le restant, sur 1150 de long ;

5° Route de Saint-Marc, 4 mètres de large sur 1930 de long ;

6° Le chemin du Buisson-Chicard a trois embranchements avec tantôt 4 mètres, tantôt 2 m. 25, tantôt 3 mètres de large, selon les embranchements, sur 1475 de long ;

7° Le chemin des Turlures et ruelle aux bœufs, 4 mètres de large sur 625 de long ;

8° Le chemin de Samois à Valvins, 3 mètres de large sur 950 de long ;

9° Chemin du Gros-Bourdon, 3 mètres de large sur 425 de long ;

10° Chemin du pourtour du territoire, de la Porte de Courbuisson à La Motelle, 3 mètres de large sur 2255 de long ;

11° Route à Cara, 2 m. 25 de large sur 1214 de long ;

12° Chemin du Haut du chemin de Barbeau, 2 m. 25 de large sur 704 de long ;

13° Chemin du haut des Bordes, avec un embranchement, 2 m. 25 de large sur 1700 de long ;

14° Chemin du clos Renault, 2 m. 25 de large sur 500 de long ;

15° Chemin du fond des Turlures, 2 m. 25 de large sur 600 de long ;

16° Chemin de La Motelle, 4 mètres de large sur 350 de long ;

17° Chemin du Puits-des-Mazures, 2 m. 25 de large sur 460 de long ;

18° Chemin du Terroir, 2 m. 25 de large sur 425 de long ;

19° Chemin des Feuillardes, 2 m. 25 de large sur 700 de long ;

20° Chemin du Gros-Robin, 4 mètres de large sur 650 de long ;

21° Chemin des Béreaux, 2 m. 25 de large sur 650 de long ;

22° Chemin des Prés, 1 m. 50 de large sur 370 de long ;

23° Chemin de l'entrée des Béreaux, 3 mètres de large sur 60 de long ;

24° Chemin du Petit-Pont, 2 m. 25 de large sur 455 de long.

Les sentiers, au nombre de 42, sont tous classés à 1 mètre de large, sauf le sentier dit du Bas-Samois, contournant le jardin de madame Deschamps, et qui a dans cette partie 2 mètres de large sur 70 de long. Ces sentiers sont :

1° Sentier du champ de Mars ;

2° Encore du champ de Mars ;

3° De Crapaud ;

4° Des Ranges ;

5° Des Essarts ;

6° Des Bas-Sablons et clos Farry ;

7° Du clos Farry ;

8° Encore du clos Farry ;

9° Des Rousseaux ;

10° Des Hauts-Sablons ;

11° Encore des Hauts-Sablons ;

12° Des Bas-Sablons ;

13° Encore des Bas-Sablons ;

14° Autre des Bas-Sablons ;

15° Du clos Farry ;

16° Autre du clos Farry ;

17° Du dehors du Puits-Bardin ;
18° De derrière le clos aux Barbier ;
19° Des Fauconnières ;
20° De l'Enfer ;
21° Des Boulomiers ;
22° De la vallée Grenom ;
23° Du Terroir ;
24° Des Paroches ;
25° Des Couardes ;
26° Autre des Couardes ;
27° Du Montoir ;
28° Du dessus de la grange à Rebout ;
29° De la grange à Rebout ;
30° De derrière l'église ;
31° Autre de derrière l'église ;
32° Encore autre de derrière l'église ;
33° Petit derrière l'église ;
34° Du dessus des grillés ;
35° Autre des grillés ;
36° Encore des grillés ;
37° Toujours des grillés ;
38° Aussi des grillés ;
39° Du Bas-Samois ;
40° Des Béreaux ;
41° Autre des Béreaux ;
42° Des Fontaines-Dieu.

Pour le point de départ, le parcours et l'aboutissant de ces chemins et sentiers, on s'en rendra compte en consultant l'état général de leur classement déposé à la mairie.

Une délibération du 28 novembre 1861 a obligé les propriétaires de bois longeant la forêt de couper les bois, ronces et genêts à la distance de 2 mètres du mur.

On sent tellement le besoin des chemins ruraux, que le Conseil, par une délibération du 19 février 1867, a repoussé la demande de M. Gauthier de détourner de 3 mètres le sentier des Béreaux qui, en raison des services qu'il peut rendre, est appelé à être augmenté de largeur.

C'est dans cette idée que M. Brou, rectifiant son mur sur ce même sentier, lui a généreusement cédé un mètre de terrain, à condition que le propriétaire d'en face en fera autant quand son mur tombera de vétusté, sans jusque là pouvoir le réparer.

Le 28 mai 1872, une proposition fut faite au Conseil pour remettre à sa place le sentier des Prés, rejeté par empiétement des propriétaires sur la Prairie.

Le 15 août 1872, une autre proposition fut faite au Conseil, de conduire la ruelle des Boues jusqu'à l'Egoutteau, avec une largeur de voiture.

Le 18 novembre 1873, d'autres propositions faites au Conseil, par M. Quillier, eurent pour but de donner une largeur de chemin de voiture au sentier des Rousseaux, allant aux Essarts, pour le relier à celui de la vallée des Haches ; de continuer celui des Hauts-Sablons, des Feuillardes à la ruelle du Puits-Bardin, par le sentier des Hauts-Sablons ; de faire de même pour le chemin de Crapaud, partant du chemin de la ruelle de Brolles pour aboutir sur celui de Fontaine.

C'est sur la proposition du même Quillier que, dans sa délibération du 17 février 1875, le Conseil a adopté la continuation de la plantation en peupliers suisses du chemin vicinal 137 et de la lacune des bois communaux à côté de Bonvalet, et du chemin 137 en acacias.

Nous avons, nous, dans une délibération du 8 août 1875 admis, sur la proposition Quillier, le débouchage :

1° Du chemin du tour des murs, de la porte de Courbuisson à celle du chemin de Bois-le-Roi ;

2° Du chemin des Turlures, à partir de la Porte des Turlures jusqu'au mur de la Forêt ;

3° De ce même chemin se dirigeant sur le chemin 137 à la porte du Parc.

Par une autre délibération du 9 novembre 1875, sur la proposition Lelu, nous avons projeté la création d'un chemin circulaire, long de 1500 mètres environ, partant de la Croix de la Pointe au chemin vicinal 137, passant par les Turlures, le cimetière et Crapaud, pour joindre le chemin de Courbuisson. Et sur la proposition Quillier le Conseil a aussi admis la prolongation des chemins ruraux les plus nécessaires, la réparation des rues des Petits-

Champs et du Grenier-à-Sel, et l'élargissement de la bande de pavage dans la carrière, en remaniant le creux du ruisseau depuis la propriété Laffon jusqu'à la partie faite près du lavoir public.

M. Paul-Denis Constant a déposé aussi une proposition adoptée pour la couverture des murs du chemin de pourtour du territoire et l'élagage des arbres sur ce parcours, ainsi que pour la recherche des eaux du lavoir.

A la séance du 17 novembre 1875 nous avons encore projeté, sur la proposition Mérienne, la création d'un chemin de 2 mètres, partant de la route de Saint-Marc, filant entre le bois de l'Administration, dit le Trou-à-la-Bouteille et les bois particuliers, longeant l'ancien mur du territoire au lieu dit le Gouffre, pour se relier au chemin du Buisson-Chicard, afin de donner un débouché au débardage des bois qui en manquent à cet endroit.

Nous espérons rendre accessible aux voitures le sentier qui, de la route de Courbuisson et longeant le mur du jardin Jumeau, aboutit au chemin des Feuillardes ; nous ferions de même pour le sentier qui prend un peu plus haut sur ce même chemin et va à celui du puits Bardin.

Enfin nous voudrions donner 5 mètres de large aux chemins des Béreaux, du Petit-Pont, à partir de l'hospice et de la ruelle de Brolles, dans la distance entre le puits Saint-Loup et le chemin de Bois-le-Roi, parce que ces chemins faisant, pour ainsi dire, partie du pays, et étant destinés à se border de constructions, il est nécessaire que deux voitures puissent s'y croiser. On a vu, plus haut, que l'ancienne administration a déjà eu ce souci.

Nous tenons à l'élagage des arbres bordant les chemins pour que la viabilité ne soit pas gênée, et nous veillons à la salubrité et à la propreté des rues par un marché passé avec le sieur Laurent, pour l'enlèvement des immondices, moyennant cent vingt-cinq francs par an et un emplacement dans le Rocher pour y remiser ses voitures.

Il existe dans notre commune quatre chemins vicinaux ordinaires :

1° Le chemin de Courbuisson ;

2° Le chemin de la ruelle des Boues ;

3° Le chemin de l'Agaric, menant aux Plâtreries ;

4° Le chemin de la Carrière, classé le dernier, suivant délibération municipale du 8 septembre 1867, approuvée le 17 août suivant.

Le 30 juin 1872, un essai de classement, comme vicinal ordinaire, du chemin de halage de la Seine à Samois, n'eut pas de résultat.

Nous nous efforcerons d'entretenir, le mieux possible, avec les faibles ressources de la commune, tous ces chemins ruraux, et surtout de ne pas laisser péricliter nos droits sur eux. A preuve le procès que nous avons intenté à la propriétaire du domaine de la Madeleine, au sujet de l'usurpation commise par ses vendeurs sur l'avenue des Tilleuls indûment vendue et qui appartient à la commune de Samois. Voici l'exposé du fait :

Anciennement, le parc de la Madeleine était plus considérable qu'il ne l'est aujourd'hui. Il comprenait les dépendances boisées qui, de chaque côté, depuis Samois, bordent le chemin vicinal 137 qui n'existait pas alors ; car, pour aller à Fontainebleau, on prenait par les Turlures et l'on passait derrière le poste actuel du garde.

Quand on allait à Valvins, on prenait le chemin actuel 137, jusqu'à la route de l'Agaric, dit autrefois du Port-à-l'Anguille, allant aux Plâtreries ; sur la droite de cette route de l'Agaric on s'engageait dans le chemin dit de la Rampe-de-Valvins, qui est encore celui qui existe aujourd'hui, seulement, au lieu de tourner le mur actuel de la Madeleine, non encore construit, on suivait l'avenue des tilleuls, en rasant la maison d'habitation. Les anciens du pays peuvent se rappeler avoir passé par là et avoir vu l'ancien mur de clôture sur la même ligne que le pavillon d'habitation. Ce passage ne manquait pas d'être gênant pour les habitants du lieu, exposés aux regards des passants par le dehors des fenêtres et à d'autres inconvénients le long des murs. Aussi madame veuve de Moranzelle ne trouva-t-elle rien de mieux, pour s'affranchir de ces désagréments, que de faire murer les chemins de son parc. L'administration de la commune, peu endurante, à juste titre, a cette époque, revendiqua le passage. Des arbitres furent nommés de part et d'autre. Il en sortit un jugement arbitral du 29 prairial an II, homologué par le tribunal civil de Melun le 8 messidor suivant, qui consacra le droit de la commune de Samois sur ledit chemin et ordonna la démolition des murs. On repassa par l'avenue des tilleuls.

Sous la Restauration, la propriété de la Madeleine fut acquise par le domaine privé du roi Charles X et réunie au domaine de l'État le 18 avril 1834 ; réacquise le 10 juin 1844 par Louis-Philippe pour le compte de la liste civile, elle retourna à l'État le 10 avril 1848 ; elle refit partie du domaine de la couronne sous l'Empire.

C'est alors que le 13 juin 1851, l'administration des domaines, tout en gardant les bois, mit en adjudication l'ermitage et le parc, et, pour vendre plus avantageusement, tenta d'exonérer la propriété de la servitude de passage sous les fenêtres mêmes, disant dans son cahier de charges que l'acquéreur pourrait se clore au-delà d'une friche, à la limite de l'ancien bornage de la forêt, en s'emparant de l'avenue des tilleuls qui ne devait, soi-disant, qu'un passage forestier auquel on renonçait. Seulement l'État, plus avisé que madame de Moranzelle, laissa un chemin de tolérance en dehors du bornage, pour que la commune de Samois ne s'aperçut pas trop de la substitution. M. Tattet se rendit adjudicataire et fit murer l'avenue des tilleuls.

On devait s'attendre à ce que le Conseil municipal de l'époque, aussi soucieux des intérêts de la commune que celui de l'an II, agît contre M. Tattet comme l'ancien Conseil avait agi contre madame de Moranzelle. Il n'en fut rien, on laissa se clore M. Tattet, qui trouva même les maçons dans la commune. On passa alors sur le nouveau chemin qu'un caprice de l'administration forestière pouvait enlever à la circulation du jour au lendemain.

Votre nouveau Conseil, ému de cet état de choses, contre lequel nos prédécesseurs avaient, il est vrai, protesté platoniquement, revendiqua judiciairement le chemin de l'avenue des tilleuls contre la pro-

priétaire actuelle, qui appela en garantie les héri-
tiers Tattet, lesquels, à leur tour, appelèrent aussi
en garantie l'Etat. Celui-ci, habitué à trouver des
administrateurs municipaux de facile composition
et encouragé par l'histoire du pot de fer contre le
pot de terre, engagea ses acquéreurs successifs à
dormir tranquilles, les assurant que des campa-
gnards n'auraient pas l'audace de troubler la quié-
tude de hauts personnages. En même temps, il le
prenait de haut avec nous, disant que si nous vou-
lions l'assurance du droit de passage sur le nouveau
chemin, nous n'avions qu'à louer ce passage à
l'Etat, moyennant 5 francs par an.

Mais l'Etat avait compté sans son hôte; nous lui
répondîmes comme le méritait ce que nous appe-
lions sa mauvaise plaisanterie, l'avertissant que
nous ne nous chauffions pas du même bois que
d'autres et qu'il en verrait la preuve.

Cela ne laissa pas que de l'intimider un peu ;
car, voyant que nous avions quelques légères connaissances du droit, il s'humanisa jusqu'à nous
proposer de demander nous-mêmes, au ministre
des finances, un échange en toute propriété avec
l'ancien chemin. L'un de nous alla, exprès, trouver
l'organe administratif de l'Etat pour lui signifier
que, forts de notre droit, nous n'avions pas à faire
de démarches ; que c'était à lui à faire les pas dé-
cisifs et qu'en attendant nous allions plaider l'affaire.

Quand l'administration de l'Etat vit que l'affaire
était sérieuse, elle changea encore de ton et nous
proposa enfin le transport de la toute propriété
de l'ancien chemin sur le nouveau, avec le raccor-
dement en équerre à la corne de la conciergerie.
— Très-bien, répondîmes-nous ! Mais vous n'aurez
pas privé la commune de son vrai chemin pendant
vingt-cinq ans, et vous ne nous aurez pas donné
les tracas d'un procès sans une juste compensation.
D'autant plus, que vous avez commis, jadis, une
injustice à l'égard de la commune, en ayant con-
venu avec l'administration municipale de l'époque
qu'elle construirait des murs inutiles et en nous
ayant privés d'indemnités pour dégâts de gibier.

Eh bien, nous profitons de l'occasion pour réparer une maladresse : vous prendrez et entretiendrez les murs du territoire si mal faits quand ceux de la Madeleine l'ont été si bien, et vous nous rendrez l'indemnité pour dégâts de gibier. De plus, vous prolongerez notre droit de propriété sur le nouveau chemin de la Madeleine jusqu'à la route de Bourgogne, vous nous donnerez la jouissance de votre sentier de la Boulinière, de la route de Saint-Marc au Gouffre, que nous agrandirons sur nous pour débarder notre bois, et vous entourerez d'un treillage la Boulinière jusqu'à la Seine !

Ajoutons que pour tout ce qui concerne la voirie nous avons créé une commission des chemins qui s'en occupe activement.

Chapitre IV. — Hospice

Le 11 décembre 1824, un sieur Fouquet, avocat, natif de Montereau, habitant Samois et n'ayant pas d'enfants, résolut de faire, après lui, de sa fortune, un emploi utile à l'humanité ! Dans ce but, il légua ce qu'il possédait à la commune de Samois, pour la fondation d'un hospice dirigé par deux sœurs de l'ordre de Saint-Vincent-de-Paul et destiné à recevoir trois malades indigents de la commune seule de Samois, pour être soignés, pansés et médicamentés pendant leur maladie et à instruire, jusqu'à l'âge de douze ans, dix jeunes filles des plus pauvres du pays, à condition que cet hospice ne pût en aucun temps être réuni à aucun autre hospice, pas même à celui de Fontainebleau, ni être administré par aucun administrateur dudit hospice, ni que le local pût servir à aucun autre usage, ni être vendu à qui que ce fût, pour quelque cause que ce pût être, à peine de révocation, par ces seuls faits du présent legs.

Le 18 décembre 1825, M. Fouquet décédait. Le 6 mars 1826, une ordonnance royale autorisait la commune de Samois à accepter le susdit legs, à la charge :

1° De fonder un hospice ;

2° D'y recevoir à perpétuité trois malades indigents de la commune ;

3° De confier le service à deux sœurs, dont l'une serait chargée d'instruire les dix jeunes filles pauvres de la localité.

Les biens laissés étaient évalués de 75,000 à 80,000 fr.

On voit donc que, dans l'intention du testateur, l'hospice à fonder n'était destiné qu'à des actes de charité. C'est ce que consacre l'ordonnance royale d'autorisation, et c'est ce que comprenaient si bien les administrateurs municipaux de l'époque, que dans leur délibération du 9 juillet 1826, ils s'expriment ainsi :

« Le conseil municipal est persuadé que l'inten-
« tion du testateur a été de faire revivre un hospice
« consacré à l'humanité souffrante, en remplace-
« ment de celui qui existait au quinzième siècle et
« qui fut détruit pendant la guerre des Anglais,
« sous Charles VII. »

Cet hospice qui pouvait se faire entre trois et quatre mille francs de rente, avait donc amplement les ressources pour nourrir trois malades et deux sœurs, puisqu'il n'y avait pas de loyer à payer, que les malades mangent peu et que les sœurs, habillées par la maison mère, ne devaient pas être appointées. Il y avait là un beau rôle de charité à remplir ! Aussi est-ce avec regret que nous disons que, non seulement il n'a jamais été rempli, mais que l'institution s'éloignant, grâce à l'esprit d'envahissement clérical, de son but de fondation, s'est érigée peu à peu en communauté congréganiste indépendante, avec supérieure, personnel nombreux, tenant pour ainsi dire pension bourgeoise à l'égard de personnes non malades, mais qui payent bien pour venir chercher le calme de l'existence. Quant aux pauvres du pays, on n'en parle que pour mémoire, et puis, la congrégation est si peu entraînante de ce côté, qu'à moins d'absence complète de ressources et d'isolement total, les malades pauvres répugnent, eux-mêmes, à entrer à l'hospice. Il y a plus ! C'est que jusqu'à la venue de la présente administration municipale, les conditions de fondation de l'hospice avaient été tenues si secrètes, que le public n'était pas bien sûr de son droit. Quelques vagues rumeurs circulaient bien à ce sujet, mais comme on n'était pas fixé, on ne sollicitait rien ; cela faisait l'affaire de la communauté, qui tenait son secret aussi caché que faisait l'ancien collége primitif des pontifes à Rome pour ses formules juridiques. Le jour où ces formules furent divulguées, le collége des pontifes s'en alla en fumée. Nous ne désirons pas la même dissolution pour les sœurs, mais nous espérons que la réflexion leur viendra en aide pour les ramener au sentiment du juste et de la charité chrétienne.

Le legs Fouquet ne fut pas le seul, l'hospice fondé fit pécuniairement boule de neige. Ainsi :

Le 4 août 1833, on accepte un legs de 4,000 fr. fait par M. Adam, conservateur des hypothèques à Fontainebleau.

Le 15 janvier 1844, madame Castellane lègue son mobilier, estimé cent francs, deux mille francs d'argent, et en plus deux autres mille francs pour construction à faire par Jumeau, ce que ratifie une délibération du Conseil du 5 mars 1848.

Le 1ᵉʳ octobre 1848, le Conseil accepte la proposition de la veuve Harvey, de faire construire par Jumeau, dans le bûcher et ancien pressoir, une chambre pour recevoir deux lits de malades par urgence.

Le 20 janvier 1857, le Conseil accepte le legs Tallet, de 1,000 fr.

Le 2 septembre 1868, il accepte le legs Trempé, de 1,500 fr.

Le 16 août 1869, il accepte le legs Duval, de 1,000 fr., et le legs de l'abbé Mollet, consenti par son héritier, l'abbé Doucet, de 1,500 fr.

Cette augmentation de ressources devait, naturellement, permettre aux sœurs de l'hospice de remplir plus facilement la mission Fouquet et même de l'étendre. Si elles étaient allées solliciter les infortunes, donnant connaissance de leur mission, nul doute que les malheureux, qui craignent tant de se séparer de la famille et de se trouver avec des étrangers, n'aient bénéficié de l'intention de M. Fouquet. Mais jamais les sœurs n'ont dit un mot du but de cette fondation ; elles ont laissé croire que ce qu'elles pourraient faire était de pure complaisance, aidées en cela par le silence de leur entourage.

Il est curieux d'examiner comment cet hospice, qui aurait pu faire tant de bien, n'a tourné ses efforts qu'au développement de son importance de communauté religieuse, appliquant à ses propres membres toutes les ressources de l'hospice. En voici la preuve :

Qu'on n'oublie pas le point de départ du but de la fondation ! Deux sœurs pour soigner trois malades indigents et instruire dix jeunes filles pauvres, avec un revenu de 3 à 4,000 fr.

Le 1er octobre 1831, les deux sœurs qu'on est allé chercher à la Providence d'Evreux, au lieu de les prendre à Saint-Vincent-de-Paul, ce qui importe peu, puisque l'étiquette est la même partout, se font allouer par le Conseil de l'hospice, chacune 250 fr. de traitement pour l'instruction primaire des filles, dont elles s'emparent.

Puis, sous prétexte de surcroît de besogne, on demande au Conseil de l'hospice, qui l'accorde le 23 août 1832, une troisième sœur à 150 fr. par an pour servir les autres, tout cela contrairement au vœu du testament, qui n'a jamais parlé d'appointer les sœurs.

Le 22 août 1852, le Conseil hospitalier accorde un jardinier et sa femme pour soigner la vache, moyennant logement, nourriture, éclairage, chauffage et 350 fr. de gages par an. Quel besoin les trois malades indigents absents avaient-ils du jardinier et de la vache !

Le 18 mai 1865, autre décision de la commission hospitalière qui accorde une cinquième sœur pour la salle d'asile, ce qui fait supposer qu'entre la délibération du 23 août 1832 et celle-ci, la quatrième a été prise officieusement.

Ce ne sont pas encore là les seuls avantages qui aient été faits à l'hospice. Le 15 mars 1840, le Conseil de l'hospice décide que les trois malades indigents devront, pour être reçus, être âgés de 70 ans, alors que le testament n'a pas tracé de limite d'âge.

De quel droit une simple commission se croit-elle autorisée à refaire un testament ?

Si c'est un prétexte de galanterie à l'adresse des sœurs pour rendre plus rares les admissions gênantes, il faut répondre que le droit, peu galant de son naturel, rend nulle cette décision. A n'importe quel âge, les indigents doivent bénéficier du testament Fouquet.

Mais la galanterie se continue. On autorise l'hospice à recevoir des personnes payantes (notez qu'on ne dit pas malades), ainsi que des demi-indigents, moyennant abandon de leurs biens. Excellent moyen de battre monnaie d'un côté, et, de l'autre, d'avoir l'air de se conformer au vœu du testament en excipant qu'on a des malades indigents.

Enfin, le Conseil municipal, pour ne pas être en reste de courtoisie, a, par délibération du 30 août 1862, contribué pour 4,000 fr. à la dépense de construction de l'école congréganiste des filles, dans le jardin de l'hospice, en s'enlevant le droit de s'emparer desdits bâtiments, sous quelque prétexte que ce soit (probablement de peur que des successeurs ne décrétassent l'instruction laïque), sans indemniser l'hospice des frais auxquels il aurait contribué pour lesdites constructions, intérêts et réparations, et sans rembourser le prix du terrain, c'est-à-dire 1,200 à 1,500 fr. ! On ne peut plus benoîtement et plus cléricalement lier les mains à la volonté progressive des administrations futures.

En résumé : Aujourd'hui, l'hospice, engraissé de toutes ces donations et de tous ces avantages cumulés, de ses pensions payantes et de la rétribution scolaire, se fait entre sept et huit mille francs de revenus. Notre devoir est de dire que la charité publique n'en profite presque en aucune façon. Le testament n'est pas observé et si, depuis sa divulgation, les sœurs ne peuvent se dispenser de recevoir quelques moribonds qu'on leur envoie à toute extrémité et dont elles n'ont pas longtemps la charge; tout se borne là ! Quiconque est quelque peu apparenté, quel que soit le dénûment, a peur d'être reçu avec peu d'empressement.

L'hospice a été fait pour les pauvres, on les re-

lègue, quand il y en a, dans un vieux rez-de-chaus-
sée humide, sans vue, alors que les belles chambres
saines du premier, qui s'ouvrent sur un panorama
superbe, sont réservées aux capitalistes.

Qu'on ne nous accuse pas de plaisanter sur les
ressources de l'hospice ! Nous nous demandons seulement quel besoin les trois malades indigents, qui
devraient être reçus et soignés, ont d'une augmentation de rentes, à moins que ce ne soit pour augmenter le nombre des admissions indigentes. Loin
de là ! Non-seulement l'hospice n'a pas de malades
indigents, car on ne peut faire passer pour être
dans le vœu du testament la fille Liord, qui a donné
à forfait son bien de 1,500 fr. pour être admise, et
le sieur Couturon, qui est un serviteur déguisé;
mais, avec la direction prise, l'hospice serait fort
embarrassé pour prendre des malades indigents,
car il a tellement monté son personnel que celui-ci,
avec les pensionnaires, absorbe tout l'actif, et qu'il
ne reste rien pour la misère.

L'hospice possède cinq sœurs, un jardinier, une
bonne, un chapelain, car le curé reçoit 100 fr. pour
dire la messe dans la chapelle qui n'est cependant
qu'à deux pas de l'église. Tout cela absorbe 1700 fr.
d'appointements. Il y a sept employés à nourrir,
plus les pensionnaires payantes; il y a le blanchis-
sage, le chauffage, l'éclairage, les réparations des
bâtiments, etc., si bien que le budget a de la peine
à s'équilibrer. Où trouverait-on donc le moyen
d'appliquer le testament Fouquet, si l'on y forçait
l'hospice ? Et cependant c'est à peine de nullité du
legs.

Ainsi voilà une institution de bienfaisance qui
avait 3,000 à 4,000 fr. de rentes pour soigner trois
malades, et qui le jour où elle double ses revenus
ne pourrait plus en soigner un seul, parce qu'elle a
tout appliqué à sa propre exploitation. C'est pourquoi, lorsque le Conseil général a organisé, le 24
avril 1873, un service de maternité à raison de 75
centimes par jour et un service de secours à domicile pour femmes en couches, le Conseil hospitalier
refusa, par délibération du 30 juillet 1873, de s'asso-
cier à cette mesure humanitaire, pour défaut de

ressources de l'hospice. C'est pourquoi encore, quand il y a une infortune locale à soulager, par hasard, l'hospice s'empresse de s'en affranchir et offre 150 fr. par an pour faire admettre au dépôt de mendicité de Montreuil-sous-Laon, Marouteau (Anne-Geneviève), veuve Thierry.

C'est dans le même ordre d'idées que le Conseil administratif de l'hospice prit une décision à laquelle s'associa le Conseil municipal le 18 août 1867, pour envoyer les malades de Samois à l'hospice de Fontainebleau, jusqu'à concurrence de trois malades, moyennant 1 fr. 25 par tête et par jour. Quoi ! Voilà un testament qui donne 3,500 fr. en moyenne par an, pour soigner trois malades pauvres du pays, sans les séparer de leurs familles, qui pourra les voir à toute heure, eux-même convalescents, verront à chaque instant leurs connaissances. Eh bien ! le jour où l'hospice craint la divulgation de la vérité, c'est-à-dire d'être obligé d'exécuter la clause du testament, il se dépêche de se faire autoriser à expatrier les malades, moyennant 456 fr. 25 par tête, pour les trois, s'ils existaient, 1,368 fr. 75, au lieu des 3,500 fr. du susdit testament.

Notre conscience nous fait un devoir de dire la vérité à nos concitoyens, et nous la leur disons, quoiqu'il nous en coûte. Jamais l'hospice n'a exécuté les conditions du testament Fouquet, les sœurs ne sont pas allées au-devant de la timidité des malades. On avait du reste gardé le secret du vœu de fondation, et le public ignorait ses droits. Aujourd'hui qu'on les connait, comment y faire donner satisfaction, si l'hospice manque de ressources par la fausse absorption qu'elle en fait ? M. Fouquet n'a jamais eu l'idée de faire vivre en rentières cinq femmes avec des domestiques pour les servir ; il n'a jamais eu l'intention de convertir sa maison en pension bourgeoise. Il a voulu aider l'humanité souffrante, il le dit, et s'y faire aider par des êtres faisant profession de dévouement. Il n'a jamais eu l'idée qu'on expatriât les malades du pays ; il le dit formellement, quand il défend de réunir son hospice à celui de Fontainebleau et de faire servir sa maison à autre chose qu'à soigner trois malades pauvres, à peine de nullité du legs. Et, juridiquement, il y aurait dans l'espèce motif à révocation pour inexécution des conditions du testament.

Nous le demandons à tous les gens sensés, justes, humains, faisons-nous de la diffamation ou de la vérité ? Mandataires du suffrage universel, nous sommes nommés pour éclairer nos mandants, sans nous préoccuper des colères, des haines et des considérations de personnes.

Le Conseil municipal est appelé tous les ans à donner son avis sur le budget hospitalier. Ce budget est l'histoire de l'hospice. Eh bien ! nous proclamons que lorsque nous voyons à ce budget 7,000 à 8,000 fr. de recettes, et au chapitre des dépenses 30 fr. de médicaments, ce qui explique l'absence de malades officiels dans l'établissement, nous sommes stupéfaits, et nous ne pouvons faire autrement que de dire que l'hospice ne remplit aucune des conditions de son but de fondation et n'est utile à rien, qu'à former une maison congréganiste de plus.

Il est à regretter que le Conseil de l'hospice se renouvelle, en présentant lui-même à l'approbation du préfet les membres remplaçant ceux qui sortent, qui sont presque toujours les membres sortant, ce qui immobilise trop longtemps les mêmes personnes dans les mêmes fonctions et fait tort à l'impartialité. Il était plus rationnel que cette présentation fût faite, comme auparavant, par le maire. Mais enfin c'est la loi, il n'y a qu'à s'incliner.

Chapitre V. — Bureau de Bienfaisance

Le bureau de bienfaisance n'est pas riche. Ses recettes au budget de l'exercice de cette année se montent à la somme de 430 fr., composée de :

1° Rentes sur l'Etat. . . . . 80 fr.
2° Intérêts des fonds placés au Trésor. 20
3° Produit du sixième des concessions
du cimetière. 30
4° Subvention de la commune. 200

Total. . . . . . 430 fr.

Les dépenses s'équilibrent à la même somme, de la façon suivante :

1° Honoraires à forfait du médecin. . . 50 fr.
2° Pain. 250
3° Viande. 78
4° Médicaments. 30
5° Dépenses imprévues. 5
6° Remises du receveur. 12
7° Timbre des comptes. 5

Total. . . . . . 430 fr.

On a déjà dépensé pour le premier trimestre de l'année cent trente-sept francs de pain. On voit que les ressources ne sont pas suffisantes. Cela se comprend, si l'on réfléchit qu'on donne du pain non seulement aux indigents de la localité, mais encore aux voyageurs besogneux de passage. Il faudra que la commune augmente sa subvention, car il est impossible de réduire le nombre des personnes assistées de la commune, qui est de onze, représentant trente-un kilogrammes de pain par semaine et un kilogramme de viande. Et, encore, nous ne parlons ici que de l'assistance pour la saison d'hiver, qui est la plus chargée.

L'article 14 de la loi du 24 juillet 1867 confère aux préfets le droit d'autoriser la création des bureaux de bienfaisance, après avoir pris l'avis des Conseils municipaux, pourvu qu'ils soient pourvus d'une dotation d'au moins 50 fr., soit en revenus immobiliers, soit en rentes sur l'État.

Le décret du 17 juin 1852 avait étendu aux commissions des bureaux de bienfaisance les dispositions du décret du 23 mars de la même année, sur la composition des commissions administratives des hospices. Il y avait cinq membres nommés par le préfet, sur la présentation du maire, qui proposait un nombre de noms triple de celui des nominations à faire.

La loi du 21 mai 1873 a introduit le curé dans ces commissions qui se renouvellent par cinquième tous les ans. C'est toujours le préfet qui nomme, mais sur une liste de candidats présentés, non plus par le maire, mais par la commission elle-même. Les membres sortants sont rééligibles.

Il est de principe que les secours doivent être donnés à domicile ; cela résulte d'une circulaire du préfet de la Somme du 31 mai 1844, qui a fait jurisprudence en cette matière.

Chapitre VI. — Fabrique

Avant de dire les rapports qui existent entre la commune et la fabrique, il faut qu'on sache ce qu'est la fabrique.

Les fabriques, instituées par la loi du 18 germinal an X, art. 76, sont chargées de veiller à l'entretien et à la conservation des temples, d'administrer les aumônes, biens, rentes et perceptions autorisées par les lois et règlements, les sommes supplémentaires fournies par les communes, tous les fonds affectés à l'exercice du culte, de régler les dépenses et d'assurer les moyens d'y pourvoir.

Conseils. — Dans les paroisses de 5,000 âmes et au-dessus, il y a neuf conseillers de fabrique ; dans les autres, il n'y en a que cinq. Le maire et le curé sont membres de droit et peuvent se faire remplacer par l'adjoint et le vicaire.

Quand un conseil de fabrique se fonde pour la première fois, l'évêque nomme cinq ou trois membres, selon le nombre des conseillers ; le préfet en nomme quatre ou deux. Le renouvellement a lieu partiellement tous les trois ans, pour les conseillers. Les membres sortants ne sont pas rééligibles.

Le Conseil nomme, chaque année, son secrétaire et son président, qui sont rééligibles.

Le Conseil s'assemble le dimanche de Quasimodo et les premiers dimanches de juillet, d'octobre et de janvier. La réunion budgétaire est celle de Quasimodo. Des assemblées extraordinaires peuvent avoir lieu par autorisation du préfet ou de l'évêque.

Bureau. — Le Conseil choisit son bureau de marguilliers composé de trois membres, dont un se remplace chaque année ; le curé est membre de droit. Ce bureau choisit son président, son secrétaire et son trésorier. Le curé ne peut être trésorier, puisque l'article 50 du décret du 30 décembre 1809, disant que le curé aura une clef de l'armoire aux archives, le trésorier l'autre et le président la troisième, l'exclut par cela même de la fonction ; la loi n'a pas voulu lui donner une influence trop grande, motif qui lui a fait dénier la place de président même du bureau. (Déc. min. cult. 16 mars 1846. — Lettre min. int. 14 nov. 1817.)

Les habitants des campagnes, ayant peu l'habitude des affaires, celui qui est nommé trésorier laisse ordinairement le curé en remplir les fonctions, mais alors il est responsable des actes de celui-ci.

Le bureau s'assemble tous les mois, dresse le budget de la fabrique, administre, fait les marchés, signe les mandats. Tous les trois mois le trésorier présente au bureau un état de la situation active et passive, représentée lors de la reddition du compte annuel. Le bureau détermine dans chaque séance trimestrielle les dépenses du trimestre suivant.

Revenus. — Les revenus sont les produits des biens et rentes, des cimetières, des chaises, bancs, quêtes, oblations, frais d'inhumations, du supplément donné par la commune le cas échéant.

Charges. — Les charges sont les dépenses des ornements, vases, linge, luminaire, pain, vin, encens, payement des vicaires, sacristain, chantres, organiste, sonneur, suisse, bedeau, prédicateur et autres employés, décorations, embellissements, entretien des églises, des presbytères et des cimetières. En cas d'insuffisance des revenus de la fabrique, celle-ci fait diligences auprès de la commune pour y pourvoir.

Le bureau des marguilliers pourvoit d'office aux réparations et constructions ne dépassant pas 50 fr. dans les paroisses de 1,000 âmes et au-dessous, et de 100 fr. dans les autres.

Le Conseil de la fabrique ordonne jusqu'à 100 fr. pour le premier cas, jusqu'à 200 fr. pour le second ; mais il ne peut, sur le revenu libre, aller au-delà sans devis estimatif et adjudication, après trois affiches, de huitaine en huitaine.

Le curé est tenu des réparations locatives du presbytère et des dégradations de son fait.

Budget. — En première ligne :

1° Frais de célébration du culte ;

2° Réparation des ornements, meubles et ustensiles ;

3° Gages des officiers et serviteurs de l'église ;

4° Frais de réparations locatives ;

5° Grosses réparations.

Régie des biens. — Pour enfermer les fonds, les titres et les archives de la fabrique, il y a une caisse à trois clefs pour le trésorier, le curé et le président. Nulle somme ne peut être extraite de la caisse sans autorisation du bureau et sans récépissé déposé.

Comptes. — Le compte, préalablement présenté au bureau des marguilliers sur récépissé de l'un d'eux, est par eux représenté au Conseil de fabrique le dimanche de Quasimodo et apuré ce jour là ou prorogé au dimanche suivant.

Le compte arrêté, le reliquat en est remis au trésorier, ainsi que l'état des baux à recevoir, un tarif du casuel, un tableau des dépenses, remises, charges et fournitures non acquittées. Le registre des délibérations mentionne les remises.

Ce compte annuel, dressé en double, est déposé l'un dans l'armoire aux trois clefs, l'autre à la mairie.

Faute par le trésorier de présenter son compte à l'époque fixée et d'en payer le reliquat, celui qui lui succèdera sera tenu de faire, dans le mois au plus tard, les diligences nécessaires pour l'y contraindre, et, à son défaut, le procureur de la République, soit d'office, soit sur l'avis du bureau ou d'un membre du Conseil de fabrique, soit sur l'ordonnance rendue par l'évêque en cours de visite, sera tenu de poursuivre le comptable devant le tribunal de première instance et de le faire condamner à payer le reliquat, à faire régler les articles débattus ou à rendre son compte, s'il ne l'a été, le tout dans un délai qui sera fixé ; sinon, et ledit temps passé, à payer provisoirement au profit de la fabrique une somme égale à la moitié de la recette de l'année précédente, sauf les poursuites ultérieures.

Charges des communes. — Ces charges sont :

1° Suppléer à l'insuffisance des revenus pour les charges de l'article 37 du décret du 30 décembre 1809 ;

2° Fournir un logement au curé ou une indemnité de logement ;

3° Faire les grosses réparations quand la fabrique n'a pas de fonds.

Le budget est alors porté au Conseil municipal ; le préfet nomme l'architecte qui dresse le devis en présence d'un membre du Conseil municipal et d'un membre du Conseil de fabrique ; le Conseil municipal donne son avis adressé à l'évêque et si celui-ci ne l'accepte, le préfet en réfère au ministre des cultes qui fait son rapport au conseil d'Etat. Si la commune ne peut parer aux dépenses, les ministres de l'intérieur et des cultes y pourvoient sur le budget des cultes établi par la loi du 15 septembre 1807.

Pour les cathédrales, évêchés et séminaires, c'est le département qui est à la place de la commune pour l'avis à donner ; mais c'est l'Etat qui, depuis 1825, pourvoit aux dépenses.

Propriété des églises. — Les églises métropolitaines et cathédrales appartiennent à l'Etat, nonobstant leur mise à la disposition des archevêques et évêques, car les diocèses et métropoles ne forment pas des établissements publics susceptibles d'acquérir. (Circ. min. 18 juin et 8 juillet 1825, conférée avec art. 106 et suivants du déc. du 30 déc. 1809).

Pour les églises paroissiales, à défaut de dispositions législatives il existe trois opinions : la première en attribue la propriété aux communes, la seconde aux fabriques, la troisième à l'Etat.

Dans le premier sens, on trouve deux avis du conseil d'Etat du 3 nivôse et du 2 pluviôse an XIII, approuvés par l'empereur, en exécution de la loi du 18 germinal de l'an X, d'où nombre d'arrêts décident que les actions relatives aux édifices des cultes doivent être intentées et soutenues par les communes, et non par les fabriques. La charge par les communes de pourvoir aux réparations des églises, en cas d'insuffisance des revenus de la fabrique, montre bien son droit de propriété : *Ubi onus, ibi emolumentum,* les fabriciens ne sont que des usufruitiers, la commune est nu-propriétaire.

Les partisans de la propriété des églises par la fabrique arguent de l'article 75 de la loi du 18 germinal an X, qui met les églises à la disposition des évêques, et de l'article 37 du décret du 30 décembre 1809, qui met à la charge de la fabrique même les grosses réparations, si elle a des revenus suffisants. Donc, disent-ils, les fabriciens sont plus qu'usufruitiers.

La troisième opinion dit : Oui, l'Etat a remis les églises aux évêques, mais pour l'usage seulement ; il a gardé la propriété. (Ceci est en contradiction avec les avis du conseil d'Etat des 3 nivôse et 2 pluviôse an XIII, cités plus haut).

Les fabriciens répliquent : Pourquoi l'Etat aurait-il retenu la propriété des églises conservées, quand il nous a attribué celle des églises supprimées.

Une opinion mixte rend la commune et la fabrique co-propriétaires, et donne les actions à la dernière quand la première ne bouge pas.

Notons que l'opinion qui admet le droit de propriété de la commune sur les églises, ne lui accorde pas le droit d'en changer la destination.

Il faut conclure de cette discussion juridique qu'il serait plus logique d'attribuer la propriété des églises aux fabriques, en déchargeant les communes de toute subvention quelconque. C'est ce qui viendra quand la séparation des églises et de l'Etat sera réalisée.

Presbytères. — La jurisprudence du conseil d'Etat attribue la propriété des presbytères aux communes, quoique les fabriciens objectent que les presbytères ayant été restitués aux fabriques par le décret du 30 mai 1806, doivent leur appartenir ; mais les deux avis du conseil d'Etat des 3 nivôse et 2 pluviôse an XIII leur opposent une fin de non-recevoir.

Le curé doit les réparations locatives. (Décret 30 déc. 1809, art. 44. — Décr. 6 nov. 1813, art. 21.)

Le curé doit aussi les contributions mobilières, et des portes et fenêtres; mais il n'est pas astreint à la contribution foncière pour le presbytère et le jardin y attenant.

Le curé ne peut faire de quête hors de l'église, c'est un droit réservé au seul bureau de bienfaisance. (Avis du comité de l'intérieur du 6 juillet 1831).

Le curé ne peut quêter dans l'église que pour les frais du culte, à moins d'autorisation de l'évêque.

Les bureaux de bienfaisance ont le droit de faire placer des troncs pour les pauvres dans les églises (arrêté min. de l'int. 5 prairial an XI) et d'exiger qu'ils soient dans un endroit apparent et sur le passage des fidèles. Les clefs des troncs sont placées dans une armoire à trois clefs. Le décret du 12 septembre 1806, art. 1 et 2 qui vise aussi ce placement des troncs, autorise, de plus, les administrateurs des bureaux de bienfaisance à faire par eux-mêmes des quêtes pour les pauvres, dans l'église.

Les fabriques ont seules le droit de faire les fournitures pour inhumations. (Décr. 23 prairial an XII, art. 22. — Décr. 18 mai 1806, art. 7).

Une question brûlante est celle de savoir qui doit contribuer aux grosses réparations de l'église ! Pour les réparations d'entretien, il n'y a pas de difficultés, puisque l'article 37 du décret du 30 décembre 1809 oblige la fabrique à veiller à l'entretien des églises. C'est pour les grosses réparations et constructions qu'épiloguent les gens d'église, prétendant que la charge retombe à la commune, à cause de l'article 92 du même décret qui, dans son numéro 3, place au rang des charges de la commune celle de fournir aux grosses réparations des édifices consacrés au culte.

On répond qu'il faut remarquer que cet article 92 ne vient qu'après l'article 37 qui, dans son numéro 4, ne met cette charge au détriment de la commune que pour le cas d'insuffisance des revenus de la fabrique.

Une autre preuve est que l'article 46 de ce même décret, après avoir, à propos du budget, classé les dépenses de la fabrique dans l'ordre suivant : 1° frais ordinaires de la célébration du culte; 2° frais de réparation des ornements et ustensiles de l'église; 3° gages des officiers et serviteurs de l'église; 4° frais de réparations locatives, ajoute : la portion de revenus qui restera après cette dépense acquittée, servira au traitement des vicaires légitimement établis, et, *l'excedant, s'il y en a, sera affecté aux grosses réparations des édifices consacrés au culte.*

C'est ce que corrobore l'article 94 du même décret portant que, s'il s'agit de réparations de bâtiments de quelque nature qu'elles soient, et que les dépenses ordinaires accusées par le budget (de la fabrique) ne laissent pas de fonds suffisants pour les réparations, le bureau (de la fabrique) en fera son rapport au Conseil (de fabrique), et que celui-ci prendra une délibération tendant à ce qu'il y soit pourvu par la commune.

C'est du reste l'opinion générale, et ce qu'établissent diverses décisions ministérielles et divers avis du conseil d'Etat des 8 juin 1807, 30 janvier et 27 septembre 1833, 14 juillet 1835. C'est ce qu'a jugé la cour de Nancy par arrêt du 31 mai 1827 et dont voici le considérant : les fabriques sont chargées de veiller non seulement à l'entretien, mais encore aux réparations de toute nature des églises, les communes n'étant tenues à fournir à ces charges qu'en cas d'insuffisance des revenus de la fabrique.

Il est vrai que quelques personnes ont soutenu, d'après l'article 92 du décret du 30 décembre 1809, que la commune devait seule endosser les grosses réparations. Nous avons fait justice de cette opinion dans le commentaire qui précède.

M. Carré (*Traité du gouvernement des paroisses,* p. 275 et suiv.), assimilant la fabrique à une usufruitière et la commune à une nu-propriétaire, les

fait régir par les articles 605 et 606 du code civil,
c'est-à-dire qu'il ne fait tenir la fabrique que des
réparations d'entretien, laissant les grosses à la
charge de la commune. On peut lui répondre que
l'usufruit de la fabrique n'est pas l'usufruit proprement dit réglé par le code civil, mais un usufruit
d'une espèce particulière.

Quant à Mgr Affre, l'archevêque de Paris (*Traité
de l'adm. temp. des paroisses*), sans aller aussi loin,
il dit seulement que quoique l'article 46 du décret
du 30 décembre 1809 oblige la fabrique aux grosses
réparations si elle a un excédant de revenus, cela
n'autorise pas le Conseil municipal à discuter l'op-
portunité et l'utilité des autres dépenses portées au
budget de la fabrique. Selon lui, toutes les dépenses de la fabrique doivent être réglées comme si
elle n'avait point à sa charge les grosses réparations, sauf à y laisser destiner son excédant, si
elle en a un.

M. Gaudry (*Traité de la législat. des cultes*, t. II,
p. 635) nage à peu près dans les mêmes eaux, quand
il dit que c'est la commune qui est obligée aux
grosses réparations, sauf par elle à exiger, si la fabrique a un excédant de revenus, que celui-ci soit
employé par voie d'exception aux grosses réparations.

Nous avons vu que la jurisprudence administra-
tive et celle du conseil d'Etat font d'abord incom-
ber la charge à la fabrique, à moins de justification
d'insuffisance de revenus. Presque tous les auteurs
pratiquent cette doctrine. (Dalloz, *Repert. de législat.*
v° Cultes, n° 598. — Davenne, *Régime administratif
et financier des communes*, p. 90. — Vuillefroy,
Traité de l'administration du culte catholique, v°
Eglise, p. 306. — *Journal des Conseils de fabriques*,
t. I, p. 328. — *Bulletin des lois civiles et ecclésias-
tiques*, t. V, p. 282. — *Dictionnaire général d'administration*, v° Communes, p. 361 ; v° Fabriques,
p. 839).

Il est si vrai que la commune ne doit les grosses
réparations des églises, qu'en cas d'insuffisance de
ressources de la fabrique, que, si ces réparations
sont faites par les deux, le prix des démolitions

appartient d'abord à la commune jusqu'à concurrence de ses débours. (Déc. min., nov. 1859. —
Bull. int. 1854, p. 26).

C'est pour cela que des souscriptions recueillies
par le desservant, pour reconstruction ou grosses
réparations de l'église, doivent être versées à la
caisse municipale, parce que la commune est intéressée à surveiller le bon emploi des fonds, pour
s'éviter de subvenir, à son tour, aux dépenses.
(Déc. du min. int. 1865).

Tout cela est très-juste ! Celui qui a la vocation
des pratiques de l'église alimente la fabrique par
ses offrandes, ses donations, etc. Lui seul profitant
de sa satisfaction, c'est avec l'argent qu'il donne
qu'on doit contribuer à l'entretien de toute nature
de l'édifice qui le récrée, mais non avec les deniers
du libre penseur, qui n'use pas des mêmes pratiques. C'est déjà bien assez qu'on vienne à l'assaut
de sa bourse quand la fabrique n'a pas assez de
ressources du côté des fidèles proprement dits.

S'il n'en était ainsi, qu'arriverait-il ? Les prêtres
dépenseraient en embellissements d'amour-propre
pour leur église tout ce que la fabrique fournirait
de ressources, et, quand il faudrait parer au nécessaire, on frapperait à la caisse municipale.

Malheureusement, c'est ce qui se passe dans
nombre de communes où l'on est ignorant du droit.
Les Conseils municipaux sont dans cette erreur que,
parce que le bâtiment paroissial est communal, c'est
à eux à le réparer quand même ; d'où, tous les ans,
une somme de prévoyance est inscrite à cet égard
au budget municipal. Les curés se gardent bien de
désabuser les conseillers municipaux de cette erreur qui leur profite, et, ils gardent toutes les ressources de la fabrique pour les dépenses volup-
tuaires. Les ministres de la religion ont aussi leur
petit levain de vanité, et ils aiment à faire admirer
leur église bien ornementée à un confrère visiteur,
mortifié de n'en avoir pas une aussi bien appa-
reillée. C'est la commune qui fait les frais de cette
satisfaction.

Jamais, à Samois, la fabrique n'a contribué aux
grosses réparations de l'église ; jamais, non plus, elle

n'a déposé à la mairie son compte annuel budgétaire, comme le décret du 30 décembre 1809 l'y
oblige, afin que les conseillers puissent s'éclairer
sur l'emploi utile des dépenses, et savoir s'ils doivent subvenir aux gros entretiens. Et cependant la
fabrique est loin d'être pauvre, elle a souvent eu
des libéralités manuelles et des dons testamentaires,
elle a fait des quêtes en grand ; mais il y a, à l'é-
glise, des vitraux peints par le fameux Marchal de
Metz, il y a un devant d'autel superbe en pierres
sculptées, il y a un magnifique autel de la Vierge
aussi en pierre ! Pendant ce temps, le clocher se
démantèle, il pleut dans l'église et l'on attend que
la commune veuille bien y remédier, parce qu'on a
voulu avant tout faire de la magnificence, sans s'in-
quiéter si la commune n'a pas besoin de son argent pour ses chemins ruraux. Il y a aussi de belles
orgues pour l'acquit complet desquelles on voudrait
bien employer les ressources disponibles de la fabrique, pour laisser toujours les grosses réparations
à la charge de la commune. Mais le Conseil actuel
n'entend pas de cette oreille ! Il ne se refusera pas
aux grosses réparations de l'église, quand la fabrique y aura consacré son disponible insuffisant, mais
il faut qu'elle commence par l'y consacrer. Il ne lui
permettra de faire des dépenses de luxe que quand
le nécessaire aura été fait. Permettre à la fabrique
d'empocher toujours et de ne contribuer jamais à
rien de sérieux, c'est la dîme féodale résurrec-
tionnée.

Cet abus n'est pas, du reste, le seul qui se com-
mette. Ainsi : Le décret du 12 septembre 1806,
articles 1 et 2, autorise les administrateurs du bureau de bienfaisance à placer un tronc pour les
pauvres dans les églises, et à y faire par eux-mêmes des quêtes pour ces mêmes pauvres. Rien de
tout cela ne se fait, pourquoi ? Parce que les membres du bureau de bienfaisance, comme ceux des
hospices, ne sont pas assez indépendants, par leur
mode de nomination qui les fait se nommer par
eux-mêmes, pour ainsi dire, puisque c'est sur la
présentation de ces conseils, qui représentent toujours les membres sortants, que le préfet nomme

le titulaire. De façon que la même génération peut occuper ces mêmes fonctions, pendant quinze ou vingt ans et plus, avec les mêmes idées surannées. On a peur de déplaire au curé, qui ne verrait pas d'un bon œil le tronc et les quêtes des pauvres faire concurrence au tronc et aux quêtes de la fabrique... Et alors on s'abstient.

Il faudrait que la présentation de tous ces titulaires soit faite par le Conseil municipal qui, émanation sans cesse renouvelée du suffrage universel, est toujours à la hauteur du progrès, ou plutôt c'est le Conseil municipal qui devrait gouverner toutes les administrations des communes. C'est l'ordre logique qui se réalisera un jour, grâce à la décentralisation.

Chapitre VII. — Instruction primaire

L'instruction est le premier élément de la civilisation, la culture de l'intelligence ; elle polit les mœurs, développe les sentiments, fait le citoyen paisible, travailleur, utile à son pays. D'où la conséquence que la diffusion de l'instruction est une nécessité sociale et que la gratuité en est la meilleure vulgarisation. L'instruction est le pain de l'âme comme le froment est le pain du corps. Il n'est donc permis à qui que ce soit de priver ses enfants de cette manne essentielle à l'équilibre des forces morales, pour que l'équilibre social n'en souffre pas. Aussi la société, intéressée à cet équilibre, doit-elle venir au secours de ceux de ses membres trop misérables pour solliciter les bienfaits de la science.

C'est, imbu de ces idées, que le Conseil municipal, avec l'accord des plus hauts imposés, a, dans une délibération du 19 mai 1875, voulu décréter la gratuité de l'instruction primaire pour l'école communale des garçons.

Le Conseil départemental de l'instruction publique, tout en admettant, en principe, cette gratuité, l'a repoussée jusqu'à ce qu'on l'étendit à l'école des filles.

Assurément ! si l'école des filles avait été laïque, le Conseil municipal l'aurait fait bénéficier de cette mesure ; mais, comme le Conseil n'est pas partisan de l'instruction congréganiste, il s'est réservé cette extension pour le jour où la laïcité présidera aussi à l'enseignement des filles, ne voulant pas grever la commune au profit d'une congrégation qui ne lui sert à rien et d'une instruction qui n'a pas, selon lui, la même efficacité que si elle était donnée par des institutrices dont la capacité a été éprouvée par la collation des grades de la part de l'Etat. On sait que les congréganistes enseignants, hommes ou femmes, ne présentent pas les mêmes garanties de savoir que les laïques, puisqu'ils peuvent pratiquer le professorat sur simple lettre d'obédience.

Le Conseil départemental obéissant, peut-être à son insu, à des influences cléricales, a enrayé notre bonne volonté. Etait-il dans son droit ? Non, ni en fait, ni en droit !

En fait. — Il suffit qu'une commune prouve qu'elle n'est pas trop grevée de centimes additionnels, pour bénéficier du principe de la gratuité. Nous établissions que la commune n'était grevée que de trente-quatre centimes additionnels environ, tant ordinaires qu'extraordinaires, généraux ou spéciaux, qui se réduiraient, à la fin de 1876, à seize centimes au plus, par l'exonération de certaines charges. Nous étions donc en règle avec l'article 36 de la loi du 15 mars 1850, et nous ne demandions même pas à user de l'article 8 de la loi du 10 avril 1867, qui autorise une commune qui n'a pas les ressources complètes pour la gratuité à demander une subvention au département et même à l'Etat quand les trois centimes spéciaux ordinaires et les quatre centimes spéciaux extraordinaires ne suffisent pas.

En droit. — Notre demande devait être accueillie, en vertu du même article 36 de la loi du 15 mars 1850, portant que toute commune a la faculté d'entretenir *une* ou *plusieurs* écoles entièrement gratuites, à la condition d'y subvenir sur ses propres ressources.

D'où, le Conseil départemental de l'instruction publique n'est que l'appréciateur de la suffisance ou de l'insuffisance des ressources de la commune, pour, dans ce dernier cas, mettre les conseillers municipaux en garde contre les entraînements du cœur. Mais, dès que les ressources existent, le susdit Conseil départemental ne peut qu'approuver, sans introduire la condition de la généralité de la gratuité. C'est, en effet, prendre le contre-pied de sa mission, qui consiste à le faire le gardien des économies communales et non à pousser à la dépense.

Ce raisonnement fait sentir combien le Conseil municipal de 1862 a eu tort, en donnant à la congrégation de l'hospice, s'emparant de l'instruction des filles, une subvention de quatre mille francs pour l'aider à construire son école, de s'interdire le droit de s'emparer desdits bâtiments, sous quelque prétexte que ce fût, c'est-à-dire de rendre l'instruction des filles, laïque, sans indemniser la congrégation du surplus du prix des constructions, des réparations et de la valeur du terrain, autrement dit sans rembourser 10 à 12,000 fr. Quoi forçait le Conseil à imposer cette dure condition à sa libéralité et pourquoi avoir enchaîné l'avenir !

La gratuité de l'instruction est un principe essentiellement démocratique, parce qu'il est égalitaire et donne à chacun l'outil de l'intelligence, comme chacun doit avoir l'outil du travail manuel. Mais cette gratuité sans l'obligation est une chose boiteuse. La statistique nous apprend que des parents peu éclairés, négligent, l'été, d'envoyer leurs enfants à l'école gratuite, pour les employer à des travaux champêtres en accord avec leur faible force, parce que ne payant pas la rétribution scolaire ils ne croient pas faire tort à leur bourse, ne réfléchissant pas qu'ils volent le patrimoine intellectuel de leurs descendants. Il faut que l'obligation de l'assiduité aux classes vienne corriger cette mauvaise volonté inconsciente. On est bien astreint au payement de l'impôt, au service militaire, à l'exercice des employés de la régie, pourquoi ne serait-on pas obligé à l'instruction qui, devenue générale, doit, dans un temps donné, introduire la fraternité parmi les peuples, en supprimant les guerres et les rois, qui les fomentent de nation à nation dans leur seul intérêt, et en enlevant tout prétexte aux conflits intérieurs.

La France, qui se croit bien avancée, ne vient que la seizième sur la carte de l'instruction du monde. Dans tous les pays de l'Europe, sauf l'Espagne et le Portugal (pays où le catholicisme à outrance et l'Inquisition ont abruti les intelligences), l'instruction primaire est, aujourd'hui, gratuite, obligatoire et laïque. Ce sont les Etats protestants qui sont le plus avancés sous ce rapport, c'est-à-dire plus éclairés. Le premier acte du prince de Bismarck, dans l'Alsace-Lorraine, après l'annexion de celle-ci, a été d'y décréter la gratuité, l'obligation et la laïcité de l'instruction. Pourquoi ne ferions-nous pas, en France, au point de vue démocratique, ce que le grand chancelier a fait en Allemagne au point de vue féodalement monarchique, contre les jésuites et les ultramontains.

Il ne suffit pas encore d'organiser, de cette façon, l'instruction primaire, si l'on n'a un programme d'enseignement raisonnable et des instituteurs capables de l'enseigner. Il faut débarrasser le programme de l'instruction primaire de toutes ces notions de catéchisme qui peuvent être bonnes à l'église, mais qui font perdre du temps à l'école ; il faut en extirper les notions frelatées de l'histoire de France ; il faut oser présenter aux enfants les faits sous leur point de vue républicain ; il faut ouvrir une perspective dans les sciences utilement pratiques sur la botanique, l'arpentage, la culture, certains faits astronomiques et élémentairement scientifiques ; il faut faire faire des excursions instructives aux élèves, au lieu de les laisser vagabonder sur la voie publique, comme on fait en Allemagne, en Suisse et aux Etats-Unis. Il faut diviser en petites fractions le temps des classes, pour ne pas fatiguer de jeunes intelligences, comme on fait en Angleterre. L'enfant est un jeune oiseau qui ne peut avoir une longue contention d'esprit, il lui faut beaucoup de mouvement pour accroître son physique. Il faut, attenant à l'école, un vaste jardin ; ici, nous n'avons qu'un incommode corps de garde.

Quant aux instituteurs, il faut leur laisser plus d'initiative dans l'enseignement de leur école ; il faut leur permettre de se réunir périodiquement, pour se communiquer leurs idées et discuter les meilleurs plans de pédagogie, sans craindre qu'ils forment un club politique, comme la monarchie qui, sous l'empire de cette crainte, mûrait les communications intellectuelles. Tel est le sort fatal des mauvaises institutions de se défier de tout, de peur qu'on suspecte leur origine et qu'on n'apprécie à leur juste valeur, leur marche anti-libérale, ce qui les conduit à sacrifier le bien et l'avantage général à leur crainte de non sécurité et à leur égoïsme dynastique. C'est l'histoire du célèbre tyran de Syracuse, Denis, qui avait trente chambres à coucher, et qui en changeait chaque nuit pour qu'on ne sût pas, au juste, où venir l'assassiner.

Ce sont les mauvaises idées monarchiques qui ont dicté le programme insuffisant et erroné de l'instruction primaire, qui y ont mêlé le catholicisme, alors que l'école doit être chez elle, et l'église chez elle aussi.

Il faut encore, pour avoir de bons maîtres, allécher les intelligences d'élite par une carrière rémunératoire, et ne pas donner, à ceux qui ont la noble mission de faire de nos enfants des hommes et des citoyens, juste de quoi ne pas mourir de faim, quand des serviteurs de grande maison gagnent des rentes pour leurs vieux jours.

En Amérique, le moindre instituteur gagne trois mille francs par an, beaucoup se font quatre et cinq mille, certains vont jusqu'à six et sept mille. Qu'on entre dans cette voie, et nos écoles normales primaires seront une pépinière de bons pédagogues.

C'est surtout pour les femmes que l'instruction est en souffrance, et que les congréganistes ont beau jeu ! Et cependant que voulez-vous qu'apprennent à nos filles d'autres pauvres filles qui ont à peine touché, elles-mêmes, aux premiers éléments de l'instruction. Il est temps de songer à une instruction plus sérieuse pour les filles, et, pour cela, de multiplier leurs écoles normales et de rétribuer plus équitablement les institutrices laïques. Il est douloureux de penser que notre département, qui a tant d'orphéons et de si belles compagnies de sapeurs pompiers, ne possède pas une seule école normale laïque de filles.

C'est parce que nous sommes pénétrés de toutes ces idées, que nous avons tenu à être justes envers l'instituteur intelligent, instruit et dévoué de la commune, et que nous avons remplacé son traitement ferme de trois cents francs, son traitement éventuel sur les élèves gratuits, sa rétribution scolaire, et le produit des cours d'adultes dont le tout pouvait aller à dix-huit cents francs, par un traitement fixe de deux mille francs, ce qui est loin d'être exagéré, mais ce qui lui donne au moins le strict nécessaire.

Chapitre VIII. — Divers

Frappés de la mortalité qui pèse sur les jeunes enfants, souvent par la faute des nourrices, des gens sérieux ont formé une société dite protection de l'enfance, qui rayonne aujourd'hui dans beaucoup de départements, et nombre de communes en ont accepté les bases. Guidés par le principe d'humanité, nous avons grossi le nombre de ces communes en décidant, le 17 février 1875, sur la proposition Quillier, qu'une commission de sept dames patronesses serait nommée pour surveiller les nourrices de Samois. Cette institution, à cause de sa nouveauté, ne fonctionne pas encore bien, mais nous espérons qu'elle prendra racine avec le temps.

Comme sanction, nous avons ajouté qu'aucune femme de la localité ne pourrait recevoir un nourrisson, sans en faire la déclaration à la mairie, dans le délai de vingt-quatre heures, sous peine de vingt francs d'amende, pour que connaissance pût en être donnée à la commission.

Depuis cette époque, le gouvernement a lui-même institué à cet égard un bureau de surveillance composé du maire, du curé et deux conseillers municipaux. Nous estimons que des femmes sont plus aptes que des hommes à remplir cet office.

Nous avons pris, pour la sûreté des récoltes, un garde champêtre auxiliaire, du 15 juillet au 1er octobre, pendant deux mois et demi, à raison de soixante francs par mois, ce qui n'a surchargé la commune que de cent cinquante francs.

Le cantonnier de la commune n'était payé que sur le pied d'un prix très-ancien qui, avec l'augmentation de la valeur des denrées, n'était plus rémunérateur. Il gagnait moins que les cantonniers vicinaux de sa classe. Partant de cette idée que, pour être bien servi et être en droit de l'exiger, il faut rétribuer convenablement un employé, nous avons fixé son traitement, par délibération du 8 novembre 1875, à raison de 70 fr. pour les mois de novembre, décembre, janvier et février ; à 73 fr. pour ceux de mars, avril, septembre et octobre, et à 76 fr. pour mai, juin, juillet et août, ce qui le laisse encore un peu au-dessous du paiement des cantonniers vicinaux de seconde classe.

C'est la même idée qui nous a fait porter les appointements du garde champêtre de 700 à 800 fr. par an.

L'air pur étant une des conditions de la santé publique, nous avons interdit les dépôts d'immondices le long des rues, à moins qu'on ne les sortît des habitations pour les enlever dans les vingt-quatre heures. Nous avons prescrit le balayage de la voie publique tous les samedis soir, et nous avons passé un marché avec un entrepreneur pour l'enlèvement, chaque dimanche matin, des immondices des rues et places, moyennant un forfait annuel de cent vingt-cinq francs et un emplacement dans le rocher pour les voitures de l'entrepreneur.

Nous tenons à l'exécution de la fermeture des colombiers pendant l'époque de la semaille des pois et la maturité des grains, certains propriétaires trouvant bon d'avoir des pigeons qu'ils nourrissent aux dépens des jardins et champs de leurs voisins.

Il y a d'autres arrêtés indispensables à la prospérité de la culture, comme l'échenillage, l'échardonnage, et à la facilité de circulation, comme l'émondage des branches d'arbres bordant les chemins, nous y tenons aussi la main.

Nous avons quelques autres projets en vue que nous essayerons de réaliser, s'il est possible, quand le temps de les appliquer sera venu.

En un mot, l'amélioration des intérêts communaux est notre préoccupation constante, nous n'y faillirons pas, ne cherchant notre récompense que dans l'estime et l'approbation de nos concitoyens,

Dont nous sommes les très-humbles serviteurs.

> QUILLIER (Frédéric), BACHELLIER (Hippolyte), GAUCHER (Eugène), LEGRAND (Eugène), GIRARDIN (Amand), VELLAUD, POLLAN, LELU (François), DENIS (Paul-Constant), MÉRIENNE (Pierre).

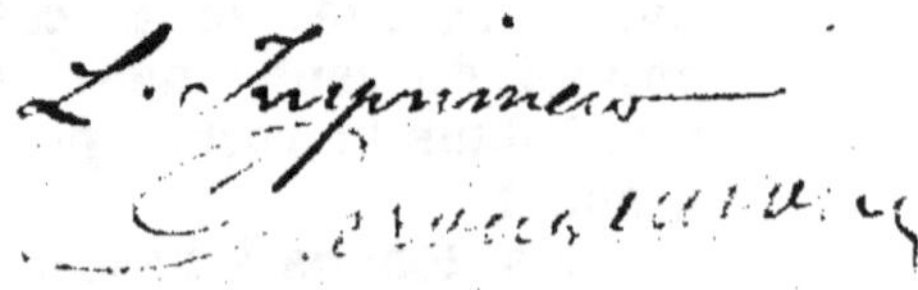